COMITÉ PROVENÇAL DE LA SEMAINE COLONIALE

SOUS LA

Présidence d'Honneur de M. Adrien ARTAUD

Président honoraire de la Chambre de Commerce, Président de l'Institut Colonial de Marseille

ET SOUS LA

Présidence de M. Raymond TEISSEIRE

Président de la Section Marseillaise de la Ligue Française

RAPPORT

à M. le Ministre des Colonies

SUR LA

SEMAINE COLONIALE DE PROVENCE

du 25 Juin au 2 Juillet 1925

AU SIÈGE DU COMITÉ

ALLÉES GAMBETTA, 40 (SOCIÉTÉ DE GÉOGRAPHIE)

MARSEILLE

—

1925

COMITÉ PROVENÇAL DE LA SEMAINE COLONIALE

SOUS LA

Présidence d'Honneur de M. Adrien ARTAUD

Président honoraire de la Chambre de Commerce, Président de l'Institut Colonial de Marseille

ET SOUS LA

Présidence de M. Raymond TEISSEIRE

Président de la Section Marseillaise de la Ligue Française

RAPPORT

à M. le Ministre des Colonies

SUR LA

SEMAINE COLONIALE DE PROVENCE

du 25 Juin au 2 Juillet 1925

AU SIÈGE DU COMITÉ

ALLÉES GAMBETTA, 40 (SOCIÉTÉ DE GÉOGRAPHIE)

MARSEILLE

—

1925

RAPPORT

A M. ANDRÉ HESSE

Ministre des Colonies

Monsieur le Ministre,

Nous devons tout d'abord vous adresser nos plus chaleureux remerciements pour avoir bien voulu accorder votre haut patronage à notre Semaine Coloniale, qui s'est déroulée à Marseille et dans le département des Bouches-du-Rhône du 25 juin au 2 juillet 1925.

A cet effet, vous avez bien voulu vous faire représenter à nos différentes manifestations par M. Joucla, si sympathique à tous, alors chef du Service Colonial à Marseille, qui nous a apporté un précieux concours.

⁂

L'idée de faire chaque année en France une Semaine Coloniale est née au cours de l'Exposition Coloniale qui eut lieu à Marseille en 1922 avec un succès auquel tout le monde a rendu hommage.

Une Exposition Coloniale réussie constitue un excellent moyen de propagande en faveur de l'idée coloniale, mais les expositions entraînent des dépenses considérables et ne sauraient être renouvelées à des intervalles trop rapprochés.

De bons esprits se demandèrent alors par quels moyens moins coûteux et plus fréquents, l'on pourrait retenir l'attention de nos compatriotes sur notre grand domaine d'outre-mer.

Les coloniaux belges, venus à Marseille pour notre Exposition, nous firent le récit de la « Journée Coloniale » que leur nation célébrait chaque année pendant un dimanche d'été, en l'honneur de leur Congo.

Ce mouvement patriotique créé le même jour pour magnifier l'œuvre coloniale dans l'ensemble du territoire, produit dans l'opinion une sorte de coup de fouet qui laisse des traces durables, grâce aux tracts répandus à profusion et aux articles si documentés des journaux. Aussi voit-on la grande colonie du Congo prendre chaque année une importance plus considérable dans la vie économique de la Belgique.

Toutes ces précieuses indications furent appréciées et retenues dans nos milieux coloniaux et l'on se promit de créer, en France, de semblables manifestations annuelles.

Se souvenant combien avait été efficace la propagande financière des Comités de l'Or, M. Adrien Artaud, commissaire général de l'Exposition Coloniale, et M. Hubert Giraud, alors président de la Chambre de Commerce de Marseille, proposèrent à M. Kempf, président de la Chambre de Commerce de Paris, de constituer un Comité National de la

Journée Coloniale française, comme il avait existé un Comité National de l'Or et des bons de la Défense Nationale.

Ces suggestions furent acceptées et une délégation se rendit chez M. Sarraut, alors Ministre des Colonies, l'un de vos prédécesseurs, qui donna toute son approbation au projet et qui, fort justement, fit observer que si une journée suffisait à la Belgique, qui ne possède qu'une colonie et dont le territoire est restreint, il valait mieux consacrer une semaine aux vingt colonies françaises.

Le Comité de Paris, sous la présidence de M. Kempf, décida alors de prendre le titre de Comité National de la Semaine Coloniale et de préparer la mise en œuvre de ces manifestations annuelles.

Avant d'organiser la Semaine Coloniale dans toute l'étendue de la France, il convenait de faire une expérience dans la ville et la région où l'idée avait pris naissance.

♣

Avec le concours de l'Institut Colonial de Marseille, de la Société de Géographie et de différents groupements de notre ville, une association fut organisée à cet effet, sous le nom de Comité Provençal de la Semaine Coloniale. Nous en donnons la composition dans l'appendice joint à ce rapport. Ce Comité nomma comme président M. Raymond Teisseire, président de la Section Marseillaise de la Ligue Française et ancien président du Comité de l'Or. M. Adrien Artaud accepta la présidence d'honneur. MM. Ad. Fouque, Léotard, Pessemesse et Ricoux furent désignés comme vice-présidents et les délégués des trois Offices coloniaux de Marseille, comme secrétaires.

La Semaine Coloniale, d'accord avec l'Institut Colonial, fut fixée au 25 juin pour se terminer le 2 juillet, de façon à encadrer le Congrès sur la réforme du régime douanier colonial, que devait présider avec tant de succès M. Adrien Artaud, après avoir été organisé avec tant de compétence par M. Baillaud, secrétaire général de l'Institut Colonial.

La Semaine Coloniale fut préparée avec le plus grand soin par le Comité provençal, qui se réunit la première fois en janvier dernier et qui eut par la suite des séances hebdomadaires dans le local de la Société de Géographie.

Le Comité trouva un concours financier et moral des plus précieux dans la Ville de Marseille et auprès de différentes maisons de commerce et de banque. Il eut tout de suite l'appui de tous les corps constitués et de la presse marseillaise et régionale.

Deux Comités furent créés dans les Bouches-du-Rhône, à l'instigation du Comité de Marseille. L'un à Aix, sous la présidence de M. Long, procureur général près la Cour d'Appel, et l'autre à Arles, sous la présidence de M. Vadon, président de la Chambre de Commerce d'Arles. Ces Comités, comme celui de Marseille, furent formés avec le concours des principales personnalités de ces deux villes.

Ces Comités décidèrent de faire durant la Semaine Coloniale, une propagande intensive en faveur des colonies, au moyen d'affiches et de tracts, qui seraient répandus dans toutes les communes et au moyen de causeries, dans toutes les mairies et écoles.

A cet effet, une très belle affiche aux couleurs vives et populaires fut exécutée par la maison Moullot de Marseille : elle est reproduite sur la couverture de ce rapport.

Un tract remarquable, sous le nom d' « Aperçu des colonies françaises », a été composé par M. Léotard, l'un des vice-présidents du Comité, secrétaire général de la Société de Géographie. Une page avec photographie est consacrée aux statistiques essentielles concernant chacune de nos possessions, et un planisphère indique en rouge la position de chaque colonie française.

Nous pensons donner plus d'intérêt à ce rapport en reproduisant en appendice l'introduction de cet aperçu et sa dernière page qui contient un résumé du domaine colonial de la France.

Ce tract a été répandu partout à profusion. Nous l'envoyons actuellement dans les diverses villes de France et à l'étranger.

Notre Comité a aussi voulu associer les films et les cinémas à sa propagande.

Il ne saurait trop remercier à cet effet les principaux cinémas de Marseille qui ont projeté des films coloniaux pendant notre semaine, et en même temps les Agences économiques de nos grandes colonies, dont les services ont mis à notre disposition des films très intéressants, nous permettant ainsi d'illustrer nos conférences.

Nos remerciements s'adressent tout spécialement à M. Garnier, directeur de l'Agence de l'Indochine, et à M. Joseph, directeur de l'Agence de l'Afrique Occidentale.

Pour vous donner, Monsieur le Ministre, une idée complète de la propagande qui a été faite dans les trois arrondissements des Bouches-du-Rhône, nous diviserons cette partie du rapport en trois chapitres, le premier consacré à Marseille et à ses communes rurales, le second à l'arrondissement d'Aix et le troisième à celui d'Arles.

I. — Marseille et son arrondissement

1° Conférences et Fêtes dans Marseille

A Marseille le Comité Provençal a donné des conférences avec films et projections en même temps que des fêtes dans le Parc Amable-Chanot.

La Semaine Coloniale débuta par la mise à la disposition du public du beau Musée Colonial de la nouvelle Faculté des Sciences que dirige avec tant de compétence M. le Professeur Junnelle.

L'après-midi, à 4 heures, dans le Parc Amable-Chanot, qui conserve vivace le souvenir de l'Exposition Coloniale, la musique du 22° régiment d'infanterie coloniale donnait, en présence de très nombreux auditeurs, un concert des plus réussis. Sous la conduite de leur excellent chef, M. Colombo, les musiciens exécutèrent divers morceaux avec beaucoup de brio et un exact sentiment de la mesure. Ils furent très applaudis.

Pendant les repos, les promeneurs visitèrent le Musée de l'Institut Colonial installé avec beaucoup de méthode par son distingué secrétaire général, M. Baillaud, dans l'ancien Palais de l'Algérie. Ce musée constitue une exposition permanente des divers produits de nos colonies, que complètent et agrémentent de nombreuses cartes en relief et de superbes photographies.

Le soir, à 9 heures, dans l'amphithéâtre de la Faculté des Sciences, allées Léon-Gambetta, trois conférences, accompagnées de projections cinématographiques, furent faites avec succès, en présence de M. le Préfet Delfini : la première par M. Raymond Teisseire, président du Comité, sur « Les buts de la Semaine Coloniale » ; la seconde par M. Jacques Léotard, secrétaire général de la Société de Géographie, commentant l' « Aperçu des Colonies françaises » ; la troisième par M. Jean Paoli, directeur de l'Agence de Madagascar à Marseille, ancien administrateur colonial, sur « Les progrès économiques de Madagascar de 1913 à 1925 ».

Le dimanche 28 juin, M. le Gouverneur Camille Guy donna une grande conférence dont le journal *Le Sémaphore* a rendu compte dans les termes suivants :

La Conférence du Gouverneur Guy

« La belle salle du Fémina-Cinéma-Gaumont était pleine d'un auditoire attentif, pour entendre la conférence de M. Camille Guy, l'éminent gouverneur honoraire des colonies, sur « Les richesses naturelles des colonies françaises de l'Afrique noire ». Cette grande séance de vulgarisation était présidée par M. Adrien Artaud, président honoraire de la Chambre de Commerce, et ancien commissaire général de l'Exposition Coloniale, et on remarquait la présence de M. le Maire de Marseille, de M. Caen, vice-président du Conseil de Préfecture, délégué par M. le Préfet ; d'un officier d'état-major, représentant le général en chef, et de M. Dufour, président honoraire du Tribunal de Commerce.

« Après une chaleureuse allocution de M. Artaud, félicitant le Comité Provençal de la Semaine Coloniale, et faisant l'éloge du gouverneur Guy, le sympathique orateur a pris la parole avec l'éloquence familière, la haute compétence et le sens patriotique qu'on lui connait. Il a proclamé l'importance de notre vaste domaine colonial pour le relèvement et la prospérité de la France, et a tracé un tableau des plus intéressants de nos grandes possessions de l'Afrique Occidentale et de l'Afrique Equatoriale. M. Camille Guy a clairement exposé quelles sont les principales ressources naturelles de ces colonies, spécialement leurs immenses possibilités agricoles. Les graines oléagineuses, les bois, le bétail, le caoutchouc, le coton, le cacao, ont un grand avenir ; spécialement ces deux derniers produits sont l'objet d'une extension des plus utiles. Dès maintenant, le commerce extérieur atteint un milliard et demi de francs par an.

« Le distingué conférencier a démontré ensuite la nécessité de développer les moyens de communication, et particulièrement le réseau ferré, ainsi que de multiplier les populations indigènes. Celles-ci ont été longtemps misérables, et restent encore sous-alimentées et privées d'hygiène ; grâce à la paix française, elles nous aident aujourd'hui à la mise en valeur du pays. M. Guy a terminé en rendant hommage au loyal concours des colonies pendant la guerre, et en blâmant avec énergie toute idée de cession de l'une de ces fidèles terres françaises. Il a été vivement applaudi par la nombreuse assistance.

« M. Raymond Teisseire, le dévoué président-fondateur du Comité Provençal de la Semaine Coloniale, a remercié, en excellents termes, l'éminent orateur, et a constaté l'utilité et le succès de la propagande coloniale, qu'il conviendra d'étendre sur tout le territoire de la France.

« Une superbe série de films sur les populations, les paysages et les produits de l'Afrique Occidentale a défilé ensuite sur l'écran, illustrant de la façon la plus attrayante la magistrale conférence du gouverneur Guy ».

A 4 heures de l'après-midi, dans le Parc Amable-Chanot, a eu lieu, au kiosque à musique, le deuxième concert organisé à l'occasion de la Semaine Coloniale. La journée était radieuse, le public nombreux. Le programme était assuré par la vaillante nouba du 52ᵉ Bataillon de Chasseurs Mitrailleurs Indigènes Coloniaux qui enleva avec brio : pas redoublés, polka, mazurka, valse et scotisch, donnant à toutes ces mélodies une allure martiale des plus entraînantes.

♣

Le mardi 30 juin, pendant que nos équipes de conférenciers s'étaient rendues dans les communes rurales, une très intéressante conférence sur l'Algérie était donnée dans un des amphithéâtres de la Faculté des Sciences, sous la présidence de M. Ad. Fouque, l'un de nos vice-présidents, par M. Sabatier, ancien président des Délégations Financières d'Algérie. L'orateur a traité avec une véritable maîtrise un sujet qu'il possède à fond : son succès a été considérable.

Enfin, le jeudi 2 juillet fut à Marseille la journée de clôture de la Semaine Coloniale.

Un grand concert a été exécuté au kiosque à musique du Parc Amable-Chanot par l'excellente Musique Municipale, gracieusement mise à la disposition de notre Comité par M. le Sénateur Flaissières, Maire de Marseille.

On lit dans le compte rendu de la presse locale :

« Un public très nombreux a longuement applaudi la brillante phalange, dirigée par son chef, M. Reynaud, dans un programme de choix, remarquablement exécuté.

« Le concert a été suivi d'un feu d'artifice indochinois, tiré sur l'esplanade du Grand Palais. Cette amusante pyrotechnie diurne a fait la joie de tous, et plus particulièrement des enfants qui prenaient leurs ébats dans le parc.

« Cette charmante fête fait honneur aux organisateurs de la Semaine Coloniale, qui ont voulu joindre l'agréable à l'utile ».

Dans un article des plus documentés du *Sémaphore*, M. Léotard a rendu compte de la dernière conférence dans les termes qui suivent :

Conférences de clôture

« Le Comité Provençal de la Semaine Coloniale a donné une grande séance publique dans l'amphithéâtre de la Faculté des Sciences, pour la clôture de sa campagne de conférences de propagande en faveur des colonies. Un très nombreux auditoire y assistait, sous la présidence de M. Eugène Pierre, ancien maire de Marseille, vice-président de la Société de Géographie, assisté de MM. Raymond Teisseire, président du Comité de la Semaine ; Fouque, Léotard et Ricoux, vice-présidents ; de l'Intendant général Lallier du Coudray et de plusieurs autres membres du Comité.

« M. Pierre a prononcé une éloquente allocution pour féliciter le Comité de la Semaine Coloniale du succès obtenu par ses efforts patriotiques et l'assurer de l'entier concours de la Société de Géographie, associée à son œuvre de vulgarisation coloniale.

« Une triple conférence a été faite ensuite, concernant le Maroc, l'Afrique Equatoriale et l'Indochine. M. Charles Boyer, directeur de l'Office du Maroc à Marseille, a exposé « La Croissance d'une ville coloniale : Casablanca », en montrant comment les grands progrès de cette cité correspondaient à ceux du Maroc français tout entier. Casablanca ne comptait en 1907, lors du débarquement des troupes françaises, que 30.000 habitants, presque tous indigènes, et ce n'était qu'une simple bourgade mal organisée. Depuis le protectorat français de 1912 et malgré la guerre, grâce à la forte impulsion du maréchal Lyautey, Casablanca est aujourd'hui une belle ville moderne, de 111.000 habitants dont 40.000 Européens, pourvue d'une organisation urbaine perfectionnée, avec des rues pavées, des égouts et des adductions d'eau, des hôpitaux, des abattoirs, la lumière électrique, etc. Son budget municipal, déjà considérable, présente l'intéressante particularité de se trouver en excédent, et son port vaste et sûr, abrité par deux grandes jetées et bien outillé, est le plus beau de l'Afrique : aussi le mouvement maritime s'augmente-t-il rapidement, Casablanca servant de passage à la plus grande partie du commerce extérieur du Maroc, qui atteint un milliard de francs par an. Cette attrayante causerie, agrémentée d'anecdotes, a été très goûtée et un beau film sur le Maroc berbère l'a complétée.

« C'est ensuite M. Alfred Baudon, Administrateur des Colonies, qui a traité clairement la question des « Voies d'accès de notre Afrique Equatoriale ». Il a surtout démontré la nécessité, pour mettre en valeur l'immense et lointain Congo français, de pousser activement la construction du chemin de fer de Pointe-Noire à Brazzaville, pour mettre en communication le réseau navigable intérieur avec l'Océan ; dès maintenant 160 kilomètres sont exploités, sur 550, et le Parlement vient d'accorder les crédits nécessaires à la continuation des travaux. La causerie précise et documentée de M. Baudon, qui est un des vaillants pionniers de notre Afrique Equatoriale, a été suivie d'un film pittoresque sur l'Afrique Noire.

« Le troisième conférencier a été M. le docteur Thiroux, médecin-inspecteur, directeur de l'Ecole du Service de Santé des Troupes Coloniales à Marseille, ancien chef du Service Médical en Annam. Dans un style de belle venue, le distingué orateur, après avoir évoqué rapidement l'histoire du protectorat français en Indochine, a fait un tableau suggestif de « Hué et les Tombeaux des Empereurs d'Annam ». Il a décrit le charme tranquille de cette vieille cité, sorte de Versailles, le faste de la Cour Impériale et enfin le site admirable où les fameux tombeaux s'élèvent au milieu de jardins ombreux. De superbes clichés photographiques en couleurs, dus à un peintre de talent M. de Marliave, ont illustré la causerie du docteur Thiroux, qui les a commentés avec un réel sentiment artistique.

« Ces intéressantes communications, ouvrant des horizons nouveaux aux auditeurs, ont été chaleureusement applaudies. Le président Raymond Teisseire, prenant le dernier la parole, a exprimé les remerciements du Comité pour les nombreux concours qu'il a obtenus, sous le patronage de la Municipalité et de M. Adrien Artaud, président honoraire de la Chambre de Commerce, et en faisant coïncider la Semaine Coloniale avec le Congrès du Régime Douanier Colonial pour développer davantage une atmosphère propice dans notre ville, métropole des possessions extérieures de la France. M. Teisseire a résumé les importants résultats acquis au cours de cette semaine de propagande coloniale, avec quatre grandes conférences à Marseille, où ont été entendus huit orateurs, vingt-cinq causeries populaires dans les communes rurales, la large distribution de l'affiche du Comité, du tract illustré « Aperçu des Colonies Françaises » et de nombreuses brochures coloniales, la présentation de vingt films spéciaux, trois concerts publics et les visites des Musées coloniaux, sans compter l'action des sous-comités d'Aix et d'Arles. Tout ce judicieux programme pourra être encore accru l'an prochain et utilement étendu à la France entière, excellent objectif pour lequel le Ministre des Colonies a donné son plein assentiment ».

2° Tournées de propagande et causeries
dans les Communes rurales de l'arrondissement de Marseille

Pendant tous les jours de la Semaine, à partir du vendredi 26 juin, le Comité Provençal envoya des équipes de délégués dans toutes les communes rurales de la région et dans les villages pour y faire des causeries sur nos colonies.

L'itinéraire fixé d'avance avait été porté à la connaissance des maires par les soins du préfet, et des instituteurs et institutrices par l'Inspecteur d'Académie, de telle façon qu'il n'y eut jamais la moindre perte de temps.

C'est ainsi qu'à dater du 26 juin, MM. Teisseire, Fouque, Léotard, Ricoux, Gravier, Legrand, Malcor, Laval, Paoli, docteur Thiroux, Gaillard, Surjous, Nestor René ont visité par équipes, les communes de Saint-Savournin, Cadolive, La Destrousse, la Bouilladisse, Peypin, La Bédoule-Roquefort, Cuges, Ceyreste, La Ciotat, Allauch, Lascours, Gémenos, Roquevaire, Auriol, Cassis, La Penne, Aubagne, les villages des Camoins, de Pont-de-l'Etoile et dans la commune de Marseille, les centres importants de Saint-Barnabé et de Mazargues.

Partout les membres du Comité ont reçu le meilleur accueil.

Dans toutes les communes et villages, les affiches de propagande, préalablement envoyées aux maires, avaient été posées aux endroits les plus apparents.

A l'heure fixée, des causeries ont pu avoir lieu dans les mairies comme à Cuges, Roquevaire, Gémenos, La Penne, Aubagne. Dans les autres localités, les réunions ont été données dans une salle des écoles, où instituteurs et institutrices avaient rassemblé les garçons et les filles.

Les causeries ont été suivies avec la plus grande attention et, à l'issue des réunions, des tracts, des brochures et des cartes ont été distribués aux assistants.

Parmi le conférences les plus réussies, nous pouvons signaler celles de Ceyreste, d'Aubagne et de Roquevaire qui eurent lieu sous la présidence de leurs maires respectifs, en présence des élèves des écoles et des principales personnalités de la commune, y compris MM. les Notaires.

A Saint-Barnabé, la réunion fut convoquée à l'Ecole d'électricité industrielle, et M. Pessemesse la présida en présence de M. Jardin, directeur de l'école, et de tous les élèves. Il y eut une séance de films.

A Mazargues, un des plus importants villages de la banlieue de Marseille, la conférence fut donnée dans le cinéma qui contenait plus de 500 personnes, dont 300 enfants des écoles. De beaux films coloniaux furent applaudis par l'assistance. Dans ces deux localités, la conférence fut faite par M. Gaillard, administrateur honoraire des colonies.

Nous ne saurions trop remercier les propriétaires d'automobiles qui ont bien voulu les mettre à la disposition du Comité pour leurs tournées de conférences. Ils ont ainsi grandement facilité la propagande de la Semaine Coloniale. Le Comité leur a donné toute sa gratitude pour ce geste si patriotique et si désintéressé.

II. — Aix et son arrondissement

Le Comité de la Semaine Coloniale de l'arrondissement d'Aix a été fondé sur la demande du Comité de Marseille.

Il a pris la même formation que le Comité de l'Alliance Française existant à Aix depuis plusieurs années. M. Long, Procureur général près la Cour d'Appel, a bien voulu en conserver la présidence. Dans sa lettre d'acceptation au Comité de Marseille il disait : « Pour ma part je n'oublie pas en la circonstance tout ce que je dois à l'idée coloniale en elle-même et aux hommes d'action que j'ai eu la grande joie de rencontrer sur ma route, aux Antilles, en Guyane, en Afrique et en Indochine, et dont certains ont tant aidé à ma formation intellectuelle comme à l'heureux développement de ma carrière de magistrat. Je suis donc de cœur avec vous ».

MM. Teisseire, Léotard et Ricoux furent délégués pour prendre contact avec le Comité d'Aix, que M. Long avait réuni dans une salle de la Cour d'Appel, le vendredi 5 juin, à 3 heures de l'après-midi.

Ces délégués exposèrent le but de la Semaine Coloniale et le programme élaboré pour Marseille et ses communes rurales.

Il fut convenu que dans les communes du canton des Martigues, qui dépendent de l'arrondissement d'Aix et qui sont en relations plus faciles avec Marseille, la propagande serait faite par le Comité de Marseille, comme cela avait eu lieu pendant la guerre pour la cueillette de l'or.

M. le Président Long a fait connaître la composition de son Comité et il a indiqué que vu l'époque avancée de l'année, il serait peut-être difficile de réaliser le programme envisagé à cause de la période des examens et de l'exode prochain des Aixois vers les campagnes.

Le Comité d'Aix a promis dans tous les cas de faire ses efforts pour intensifier la propagande coloniale par voie de causeries, d'affiches et de distribution de tracts et de l'Aperçu sur nos colonies.

Des conférences qui eurent le plus grand succès ont été données le lundi 29 juin dans le canton des Martigues.

M. Ad. Fouque, vice-président du Comité de Marseille, maire de la commune de Sausset, avait organisé l'itinéraire avec le plus grand soin.

Deux voitures automobiles furent mises à la disposition du Comité de Propagande, qui a pu donner des causeries dans la matinée au Rove, Marignane, Ensuès, Châteauneuf et l'après-midi à Sausset, Carry et aux Martigues.

Partout il y a eu beaucoup d'auditeurs. Nous signalerons spécialement la conférence donnée par M. Ricoux à Marignane, dans la belle salle de la Mairie, qui est l'ancien château de la famille Mirabeau. Il y avait dans l'auditoire l'adjoint représentant le Maire empêché, les conseillers municipaux, de nombreuses personnalités et tous les enfants des écoles de filles et de garçons avec leurs maîtres. La conférence eut le plus grand succès et on distribua à tous de nombreux tracts coloniaux.

Une conférence aussi réussie eut lieu à Sausset. C'est le maire de cette commune, notre collègue M. Fouque, qui la prononça en termes choisis, au milieu d'un très nombreux auditoire. On peut dire que presque tous les habitants de cette pittoresque et nouvelle commune ont tenu à venir applaudir leur sympathique maire. M. Léotard fit également un exposé géographique des plus intéressants. Cette réunion a certainement eu les meilleurs effets au point de vue de la propagande coloniale.

Aux Martigues, notre Venise provençale, une conférence présidée par M. Fouque eut le même succès et le docteur Thiroux, qui prit la parole, fut longuement applaudi.

Dans la ville d'Aix, la conférence que devait donner M. l'Intendant général Lallier du Coudray sur le Maroc et Madagascar ne put avoir lieu par suite de l'indisponibilité des locaux de la Faculté pris par les examens et aussi à cause de la saison trop tardive. Elle a été remise à la prochaine Semaine Coloniale qu'on a demandé de faire fin avril ou en mai 1926.

M. Gleyze, directeur de l'Ecole Normale d'Instituteurs, membre du Comité, a donné une causerie particulièrement intéressante à ses élèves et aux membres de leurs familles, qui sont venus l'écouter en grand nombre. Il a résumé avec beaucoup d'humour ses impressions de voyage dans l'Afrique du Nord, très heureusement illustrées par de beaux films.

M. le Résident Collard, vice-président du Comité, avec l'aide de M° de Bonnecorse, avocat, de M. Gleyze et aussi avec le concours très actif de M. le Sous-Préfet Angéli, ont pu diffuser les tracts et les brochures coloniales. Ils ont été remis en quantité suffisante à toutes les écoles communales et à toutes les écoles libres de l'arrondissement. Les affiches ont été apposées à Aix par les soins du Comité et dans toutes les communes rurales par les maires auxquels la sous-préfecture avait bien voulu les transmettre.

III. — Arles et son arrondissement

Le Comité d'Arles, comme celui d'Aix, a été constitué sur la demande de celui de Marseille.

M. Vadon, président de la Chambre de Commerce d'Arles, en a été nommé président.

MM. Teisseire et Gravier ont été désignés par le Comité de Marseille pour se rendre à l'une des séances du Comité d'Arles, afin de se mettre d'accord sur le programme de la propagande.

La séance eut lieu le lundi 15 juin, à 2 heures et demie de l'après-midi, à la Chambre de Commerce où la délégation reçut l'accueil le plus sympathique.

Le Comité d'Arles, avec le concours de M. le Sous-Préfet, a fait apposer les affiches illustrées dans toutes les communes de l'arrondissement. Il a fait distribuer les tracts par ses membres et par ceux de la Chambre de Commerce résidant dans les cantons d'Arles, Tarascon, Eyguières, Saint-Rémy, Châteaurenard et Orgon.

Il a également fait connaître son action par la presse locale et spécialement par « La République d'Arles » qui a pleinement approuvé les efforts du Comité dans un article documenté dont nous donnons un extrait :

« Cette propagande est actuellement des plus heureuses. Au milieu des difficultés financières qu'il traverse, il est de la plus haute utilité que le pays soit mis au courant de toutes les richesses que renferment nos colonies et qu'il se rende compte que le développement de notre grand commerce avec elles peut être un des remèdes les plus efficaces à la crise actuelle ».

M. le Président Vadon a bien voulu rédiger un rapport circonstancié sur les tournées de propagande à travers les communes de l'arrondissement. Nous ne saurions mieux faire que de le reproduire textuellement.

Rapport de M. le Président Vadon

« Le Comité d'Arles, répondant au désir du « Comité Provençal de la Semaine Coloniale », a envoyé trois équipes de délégués dans la plupart des communes de l'arrondissement.

« Le vendredi 26 juin, MM. Arrouzez et Masson ont visité successivement Saint-Martin-de-Crau, Mouriès, Eyguières, Mallemort, Sénas, Orgon et Saint-Rémy.

« Le mercredi 1ᵉʳ juillet, MM. Agnel et Lieutaud se sont rendus à Port-Saint-Louis-du-Rhône.

« Le vendredi 3 juillet, Fontvieille, Tarascon, Barbentane, Rognonas, Châteaurenard, Noves, Cabannes et Graveson ont reçu la visite de MM. Lieutaud et Masson.

« Avisés en temps utile par les soins du Sous-Préfet, les Maires de ces localités avaient convoqué à la Mairie les personnes susceptibles de s'intéresser au mouvement de propagande entrepris en faveur de nos colonies : Conseillers municipaux, notaires, instituteurs, institutrices.

« Nos délégués ont reçu partout le meilleur accueil. Dans des causeries familières, ils se sont attachés à bien montrer le but et la portée de l'action entreprise par le Comité Provençal de la Semaine Coloniale. Ils ont surtout insisté sur ce fait que si nos colonies étaient mieux connues, si leurs productions, leurs ressources, leurs industries locales et leur situation économique étaient moins ignorées du grand public, les commerçants et les industriels de notre pays pourraient s'approvisionner plus largement en matières premières et produits exotiques dans nos possessions d'outre-mer, ce qui aurait pour résultat de diminuer dans la même proportion leurs achats à l'étranger, de sorte que la situation financière de la France en serait grandement améliorée.

« Ces considérations développées en un langage très simple, volontairement familier, sans nulle prétention à l'érudition mais appuyées de quelques chiffres et d'exemples précis (laines, coton, bois précieux, etc., etc...) ont été suivies avec une attention soutenue.

« A Eyguières, à Saint-Rémy, à Châteaurenard, à Orgon, notamment les auditeurs ont paru s'intéresser vivement à ces questions et un échange de vues a suivi l'exposé qui venait d'être fait.

« Dans chaque localité visitée, à l'issue de la réunion, des exemplaires du tract « Aperçu des Colonies Françaises » ont été distribués aux assistants. Les affiches envoyées au préalable aux Maires avaient été placées aux endroits les plus apparents. D'autres affiches apportées par les délégués ont été remises aux instituteurs et institutrices qui les ont placardées dans leurs classes.

« Tout porte à croire que l'initiative prise par le Comité Provençal de Semaine Coloniale sera féconde en résultat et contribuera grandement à mieux faire connaître nos colonies.

« Aussi exprimons le vœu que cette action soit poursuivie à l'avenir et s'étende à l'ensemble de nos départements.

VUE D'ENSEMBLE SUR LA SEMAINE COLONIALE

Son Utilité. — Son Avenir

Il résulte des comptes rendus qui précèdent, que la Semaine Coloniale a eu le plus grand succès à Marseille et dans l'ensemble du département des Bouches-du-Rhône.

Que les conférences aient été très suivies à Marseille, malgré la tardivité de la saison et le très grand nombre de causeries coloniales déjà faites à la Société de Géographie, — cela n'a rien de surprenant, car les colonies sont très populaires dans notre ville : le monde du commerce tout comme les représentants des autres professions se rendent bien compte de la grande valeur économique de nos possessions.

Mais ce qu'il y a d'intéressant à constater, c'est que dans les faubourgs de notre grande ville où les colonies sont moins connues et dans les communes rurales, où elles sont trop souvent ignorées, il suffit de prendre la peine d'y organiser des réunions pour attirer un public important et pour l'intéresser.

Les maires et conseillers municipaux, les instituteurs et institutrices des petites localités sont heureux de n'être pas oubliés, comme il arrive trop souvent. Tous sont reconnaissants aux membres du Comité de s'être déplacés pour aller les visiter et les instruire par des causeries et des distributions de brochures et d'images sur nos possessions. Souvent des questions vous sont posées sur certaines productions agricoles. Les maîtres sont très satisfaits de recevoir des documents, qu'ils ne manqueront pas d'utiliser dans leurs cours.

Nous avons vu d'ailleurs que la plupart des instituteurs et des institutrices n'oublient pas de parler des colonies à leurs élèves.

Les membres de notre Comité qui se rendirent le 27 juin aux Camoins, riant village aux environs de Marseille, furent agréablement surpris des notions que possédaient les enfants de l'école communale. A la fin de la causerie qui eut lieu dans une des salles où filles et garçons avaient été réunis, il fut demandé à un élève quelle était la population des colonies ? Il répondit sans hésiter : « soixante millions, ce qui, avec celle de la France, donne une population totale de cent millions ». A un autre on demanda quelle était l'étendue de l'Ile de Madagascar ? « C'est grand, répondit-il, comme la France, la Belgique et la Hollande réunies ».

Nous félicitâmes chaleureusement les maîtres et les élèves. Dans bien des écoles d'ailleurs nous avons pu faire les mêmes constatations.

Faire connaître nos possessions, leur valeur, leur importance au point de vue national et pour l'économie générale de notre pays, voilà le but, et le résultat à atteindre.

Si nous en croyons ce que nous avons entendu de tous côtés au cours de notre Semaine de propagande, et ce que la presse locale a bien voulu publier, sans distinction d'opinion, nous sommes amenés à penser qu'une Semaine Coloniale Française annuelle servirait grandement l'idée coloniale et par suite l'essor de nos possessions, en les popularisant dans le public des villes et des campagnes.

Dans les auditoires où nous avons eu la bonne fortune d'avoir des notaires ou des gens attachés à des banques, nous n'avons pas manqué d'attirer l'attention sur les affaires coloniales et de faire remarquer que, si bien des titres de bourse avaient subi d'assez fortes baisses au cours des dernières années, la généralité des valeurs coloniales se trouvaient en hausse assez marquée et constituaient de très avantageux placements.

Nos Comités pourraient donc rendre de grands services à nos colonies en faisant connaître et apprécier les affaires si importantes qui s'y sont créées. Cette propagande serait au surplus extrêmement utile pour favoriser le succès des émissions que nos colonies seront obligées de faire pour les travaux de chemins de fer, de canaux et de ports, qui doivent assurer leur mise en valeur.

Comme nous l'avons indiqué au début de ce rapport, les membres de notre Comité n'ont pas la prétention d'avoir découvert l'idée de la Semaine Coloniale.

Ils n'ont fait qu'imiter ce qui existe chez les Belges depuis plusieurs années et ce qui a largement contribué à populariser la magnifique colonie du Congo.

La Semaine Coloniale aurait certainement la même utilité en France pour faire mieux connaître nos colonies, surtout dans les classes populaires.

C'est pourquoi nos trois Comités ont émis le vœu que, dès l'année prochaine, elle soit célébrée dans la France entière.

Nos Comités ont aussi exprimé le désir que cette Semaine ait lieu à la fin du mois d'avril ou en mai, époque à laquelle les agriculteurs et les écoliers sont moins occupés qu'en juin ou juillet.

C'est fort de toutes les considérations qui précèdent, que le Comité Provençal de la Semaine Coloniale, en vous adressant ce rapport, Monsieur le Ministre, appelle respectueusement votre attention sur l'utilité d'une Semaine Coloniale en France.

Notre Comité estime qu'on pourrait prendre pour cadre la Région économique et créer en conséquence 20 Comités en province. Leur action serait coordonnée par le Comité National de la Semaine Coloniale qui siège actuellement à la Chambre de Commerce de Paris et dont la composition pourrait être étendue.

Nous pensons, Monsieur le Ministre, qu'après avoir pris connaissance de ce rapport, — que nous avons rédigé en nous inspirant de celui que les Comités belges adressent chaque année à leur gouvernement, — vous voudrez bien favoriser de votre haute autorité l'extension dans la France entière de la Semaine Coloniale Française.

Marseille, le 15 septembre 1925.

Le Président du Comité,

Raymond TEISSEIRE.

Chevalier de la Légion d'honneur.

COMPOSITION

DU

COMITÉ PROVENÇAL DE LA SEMAINE COLONIALE

I. — Comité de Marseille

Président d'honneur : M. Adrien ARTAUD, président honoraire de la Chambre de Commerce, président de l'Institut Colonial de Marseille.

Président : M. Raymond TEISSEIRE, président de la Section Marseillaise de la Ligue Française et du Comité de Propagande Economique.

Vice-Présidents : MM. Ad. FOUQUE, président de la Section Marseillaise de la Ligue Maritime et Coloniale ;
LÉOTARD, secrétaire général de la Société de Géographie ;
PESSEMESSE, inspecteur d'Académie honoraire, président du Comité de l'Alliance Française ;
RICOUX, juge au Tribunal de Commerce.

Secrétaires : MM. ANCEY, vice-président de la Société d'Etudes Economiques ;
BOYER, directeur de l'Office Marocain ;
PAOLI, directeur de l'Office de Madagascar ;
VORLANDER. directeur de l'Office de Tunisie.

Trésoriers : MM. LEGRAND, exportateur ; SURJOUS, sous-directeur de l'Office Marocain.

Membres : MM. BOURDILLON, président du Syndicat des Exportateurs ; BRENIER, directeur général des Services de la Chambre de Commerce ; Docteur CHOUX, professeur de l'Enseignement Colonial ; GERMA, directeur de l'Union Commerciale Indochinoise et Africaine ; GRAVIER, vice-président du Syndicat d'Initiative de Provence ; JOUCLA, chef du Service Colonial ; LAURENT, membre-secrétaire de l'Académie de Marseille ; LAVAL, délégué de la Société pour la Défense du Commerce ; professeur MASSON, président de la Société de Géographie ; Maurice HUBERT, membre de la Chambre de Commerce ; Nestor RENÉ, négociant ; Jean RENARD, avocat ; Docteur REYNAUD, président de la Société de Médecine Coloniale ; J.-B. ROCCA, industriel, délégué de la Société pour la Défense du Commerce ; Docteur VANGAVER, professeur de l'Enseignement Colonial.

II. — Comité d'Aix

Président : M. A. LONG, procureur général, président de la Section Aixoise de l'Alliance Française.

Vice-Président : M. COLLARD, résident de France en retraite.

Secrétaire général : M. BERGET, proviseur du Lycée Mignet.

Trésorier : M. BARTHÉLEMY, directeur de la Banque de France.

Membres : Mmes PALANQUE, directrice de l'Ecole Normale des Institutrices ; MEILLET, directrice du Lycée de Jeunes Filles ; MM. DE BELLEVAL, président du Syndicat d'Initiative d'Aix ; DE BONNECORSE, avocat ; CUREL, professeur à l'Ecole Nationale des Arts et Métiers ; FERRÉOL, conseiller d'arrondissement ; DE FABRY, propriétaire ; GLEYZE, directeur de l'Ecole Normale d'Instituteurs ; VALRAN, professeur honoraire.

III. — Comité d'Arles

Président : M. Eugène VADON, président de la Chambre de Commerce d'Arles.

Membres : MM. AGNEL, secrétaire de la Chambre de Commerce ; ARNAUD, notaire à Arles ; ARROUZEZ, ancien principal du Collège d'Arles ; LIEUTAUD, président du Syndicat d'Initiative d'Arles ; MASSON, instituteur primaire en retraite à Arles.

EXTRAITS

DE " L'APERÇU DES COLONIES FRANÇAISES "

Par M. Jacques Léotard

Secrétaire général de la Société de Géographie, Vice-Président du Comité

Publié à l'occasion de la Semaine Coloniale

INTRODUCTION

« Le Comité Provençal de la Semaine Coloniale estime qu'un des meilleurs moyens de développer la connaissance de l'immense Domaine d'outre-mer de la France et la propagande en sa faveur, consiste à répandre un tract illustré indiquant, en quelques brèves statistiques et notions précises, l'importance de chaque colonie ou protectorat où flotte notre drapeau. C'est ce tableau sommaire, dressé avec la collaboration des Agences coloniales, que nous présentons ici, dans le désir patriotique de combler une lacune auprès de la masse du public, pour laquelle les ouvrages sur les colonies sont trop détaillés ou peu accessibles.

« Il est devenu indispensable de faire comprendre à toute la Nation ce qu'est vraiment la Plus Grande France, seconde puissance coloniale du monde, avec près de 100 millions d'habitants et des dimensions supérieures à celles de l'Europe. Au cours de la grande guerre, les peuples coloniaux, malgré les différences de races et de religions, sont venus loyalement en aide à la Mère-Patrie attaquée, et leur participation à sa vie économique doit être accrue de plus en plus, spécialement pour nous approvisionner en matières premières que nous achetons surtout à l'étranger.

« Le génie colonisateur de la France a su accomplir depuis cinquante ans de véritables prodiges, insuffisamment connus et appréciés et sur lesquels on ne saurait trop attirer l'attention publique. Nos colonies forment aujourd'hui une portion indispensable de la France : un rôle capital leur est dévolu dans le relèvement national et dans la prospérité future de notre pays. Mais il nous faut y employer les capitaux et les techniciens nécessaires au développement de leur outillage et de leur mise en valeur, pour lequel la France a dès à présent investi 8 milliards de francs. Ce développement est d'ailleurs en bonne voie, ainsi que l'évolution progressive des populations indigènes : il leur donne déjà un profit considérable, en même temps qu'à la métropole. On ignore généralement que les dépenses civiles de nos colonies sont payées par leurs propres budgets et que la France couvre seulement les dépenses militaires d'occupation.

« La brillante situation actuelle de nos possessions lointaines, avec 15 milliards de francs de commerce extérieur en 1924, annonce leur splendide avenir. Nouvelles Frances prolongeant au-delà des mers notre glorieuse ancienne France, elles gagneraient à être visitées davantage ; le tourisme commence toutefois à se répandre dans leur cadre exotique, où se trouvent réunies d'admirables ruines antiques, des merveilles de la nature et des populations très pittoresques. La belle œuvre coloniale de la Troisième République doit maintenant devenir largement productrice, grâce à la paix française, ferment de la civilisation.

« Notre grande cité de Marseille, premier port de France devenu sa métropole coloniale, tient à concourir toujours mieux à accroître et à resserrer les relations franco-coloniales, si bien glorifiées dans sa magnifique Exposition de 1922. Par la Semaine Coloniale, elle exprime de nouveau sa cordiale confraternité aux terres françaises d'outre-mer ».

TABLE DES MATIERES

PLANISPHÈRE COLONIAL hors texte, page 8

13 PHOTOGRAVURES DANS LE TEXTE

ALGÉRIE

Date de l'occupation française : 14 juin 1830, à Sidi-Ferruch, près d'Alger.

Gouvernement général (3 Départements et les Territoires du Sud).

Superficie : 575.335 kilomètres carrés.

Population (Recensement de 1921) : Française.................... 602.659

» » » Etrangère (Espagnols, Italiens, Anglo-Maltais, etc)......... 188.774

» » » Comptée à part.............. 89.719

» » » Indigène 4.924.938

Population totale 5.806.090

Religion de la majorité des indigènes : Musulmane.

Capitale et port principal : Alger (206.595 habitants). Seconde ville : Oran (141.156 habitants).

Chemins de fer : 4.129 kilomètres.

Climat : Méditerranéen, tempéré ; continental dans le sud.

Commerce extérieur de la Colonie en 1923

Importations : en Francs................................... 2.968.646.000

» en Tonnes................................... 2.235.183

Principaux articles (en valeur) : Tissus de coton et autres, vêtements et lingerie, papiers, ouvrages en métaux, machines et mécaniques, automobiles, objets fabriqués, sucres, savons, charbons, etc.

Exportations : en Francs................................... 2.179.123.000

» en Tonnes................................... 4.678.780

Principaux articles (en valeur) : Vins et alcools, céréales, moutons, fruits et légumes, tabacs, lièges, minerais de fer, posphates, etc.

Part de la France dans le Commerce extérieur

Importations (nos ventes) : en Francs.................... 2.220.004.000

» » en Tonnes.................... 759.179

Exportations (nos achats) : en Francs.................... 1.332.308.000

» » en Tonnes.................... 1.796.199

Industries locales : Minoteries, biscuiteries, huileries, tanneries, tuileries, raffineries, etc.

Têtes de bétail (en 1921) : Espèce ovine, 6.332.717 ; espèce caprine, 3.061.540 ; espèce bovine, 850.879 ; espèce asine, 245.542 ; espèce chevaline, 162.045 ; espèce caméline, 159.444 ; espèce mulassière, 155.031.

Cultures à développer : Céréales, agrumes, coton, betterave, primeurs, etc.

Ports métropolitains et Compagnies maritimes desservant la Colonie : Marseille, Port-Vendres ; Compagnie Générale Transatlantique, Transports Maritimes à Vapeur, Compagnie de Navigation Mixte.

Carrières ouvertes aux Français : Administratives, agricoles, commerciales et industrielles, les mêmes qu'en France.

TERRITOIRES DU SUD (SAHARA)

Communes des 4 Territoires (région nord) : superficie, 367.596 kil. car. ; population, 548.409 hab., comprises dans les chiffres de l'Algérie. Autres régions sahariennes des territoires : 1.830.000 kil. car., avec quelques milliers d'habitants.

DOMAINE COLONIAL DE LA FRANCE

Superficie totale : 11 millions de kilom. carrés, dont 4 de Sahara (Europe : 10).
Population française .... 1.530.000 habitants
   »   *européenne* .... 335.000   »
   »   *indigène* .... 53.700.000   »

    Population totale en 1921.................... 55.565.000 habitants
Longueur des chemins de fer : 16.000 kilomètres.
  Têtes de bétail : 19 millions de bovins, 25 millions d'ovins, etc.

Commerce général extérieur des Colonies en 1923

Importations : en Francs................................. 7.691.000.000
   »   en Tonnes................................. 5.183.000
Exportations : en Francs................................. 5.959.000.000
   »   en Tonnes................................. 12.818.000
          Totaux : en Francs.................... 13.650.000.000
            »   en Tonnes.................... 18.000.000
Augmentation sur 1922 : 2.273 millions de francs.

Part de la France dans ce commerce extérieur
D'après les Douanes locales :

Importations (nos ventes) : en Francs.................... 4.545.000.000
   »   »   en Tonnes.................... 1.725.000
Exportations (nos achats) : en Francs.................... 2.843.000.000
   »   »   en Tonnes.................... 4.497.000
        Totaux : en Francs................ 7.388.000.000
         »   en Tonnes................ 6.222.000

D'après la Douane française :

Exportations (nos ventes) : en Francs.................... 4.690.000.000
   »   »   en Tonnes.................... 1.329.000
Importations (nos achats) : en Francs.................... 3.529.000.000
   »   »   en Tonnes.................... 4.005.000
        Totaux : en Francs................ 8.219.000.000
         »   en Tonnes................ 5.334.000

FRANCE

Superficie : 550.986 kilomètres carrés.
Population en 1921 : 39.209.766 habitants.
Commerce général extérieur en 1923
Exportations (nos ventes) : en Francs.................... 30.432.000.000
   »   »   en Tonnes.................... 24.800.000
Importations (nos achats) : en Francs.................... 32.615.000.000
   »   »   en Tonnes.................... 55.000.000
        Totaux : en Francs................ 63.047.000.000
         »   en Tonnes................ 79.800.000
Longueur des chemins de fer : 52.000 kilomètres.
Têtes de bétail : 14.000.000 de bovins, 9.000.000 d'ovins, etc.

MARSEILLE

Commerce général extérieur en 1923

Exportations : en Francs................................. 6.413.000.000
   »   en Tonnes................................. 2.191.000
Importations : en Francs................................. 5.782.000.000
   »   en Tonnes................................. 4.802.000
          Totaux : en Francs.................... 12.195.000.000
            »   en Tonnes.................... 6.993.000

L'AFFICHE DU COMITÉ

www.ingramcontent.com/pod-product-compliance
Lightning Source LLC
LaVergne TN
LVHW010306190726
843502LV00014B/2627